18 Mai 1903.

V

VENTE

HOTEL DROUOT, SALLE N° 2

Le Lundi 18 Mai 1903

A 2 HEURES 1/4

OBJETS D'ART

ET DE

BEL AMEUBLEMENT

des Époques

Louis XIV, Louis XV et Louis XVI

TABLEAUX MODERNES

TAPISSERIES

Appartenant à Mme L. C.

EXPOSITION PUBLIQUE

Le Dimanche 17 Mai 1903

DE 2 HEURES A 5 H. 1/2

PARIS, IMPRIMERIE MÉNARD ET CHAUFOUR
C. CHAUFOUR, Successeur
8-10, Rue Milton

CATALOGUE

DES

OBJETS D'ART

ET DE

BEL AMEUBLEMENT

des époques Louis XIV, Louis XV et Louis XVI

BRONZES, PENDULES, CANDÉLABRES, FLAMBEAUX

Sculptures sur bois — Porcelaines — Faïences — Ivoires

JOLIS MEUBLES EN MARQUETERIE

ET ORNÉS DE BRONZES

Chaises à porteurs, Vitrines, Commodes, Poudreuse
Bureaux, Secrétaires, Tables, Ecrans, Coffres, Consoles, Cabinets
Sièges variés

TABLEAUX MODERNES

DESSINS — AQUARELLES — GRAVURES

TAPISSERIES ANCIENNES

TAPIS DE SMYRNE — TENTURES

Appartenant à Mme L. C.

DONT LA VENTE AURA LIEU

HOTEL DROUOT, SALLE N° 2

Le Lundi 18 Mai 1903, à 2 h. 1/4

Me F. LAIR DUBREUIL	**M. Arthur BLOCHE**
COMMISSAIRE-PRISEUR	EXPERT PRÈS LA COUR D'APPEL
6, Rue de Hanovre, 6	*28, rue de Châteaudun, 28*

Chez lesquels se trouve le présent catalogue

EXPOSITION PUBLIQUE

Le Dimanche 17 Mai 1903, de 2 heures à 5 h. 1/2

CONDITIONS DE LA VENTE

La vente sera faite expressément au comptant.

Les acquéreurs paieront 10 0/0 en sus des adjudications.

L'exposition mettant le public à même de se rendre compte de l'état des objets, il ne sera admis aucune réclamation une fois l'adjudication prononcée.

Imprimerie Artistique C. CHAUFOUR, 8-10, rue Milton.

DÉSIGNATION

MEUBLES

1 — Belle chaise à porteurs en bois sculpté et doré, panneaux ornés de peintures offrant des médaillons à paysages et des armoiries au milieu d'ornements à rocailles, intérieur capitonné de damas de soie jaune. Epoque Louis XV.

2 — Grande et belle vitrine formant commode dans le bas en marqueterie hollandaise à vases et branchages fleuris. XVIIIe siècle.

3 — Grand bureau plat en acajou et filets de cuivre, dessus en drap rouge. Style Louis XVI.

4 — Très petit secrétaire en bois de rose et palissandre, garni de bronzes, dessus en marbre avec galerie en cuivre ajouré, garni intérieurement de glaces. Epoque Louis XVI.

5 — Jolie vitrine en bois de rose et palissandre, le haut ouvrant à un tiroir. Epoque Louis XVI.

6 — Table demi-lune formant table à coiffer en fine marqueterie de bois. Travail hollandais. XVIIIe siècle.

7 — Table poudreuse en bois de rose et palissandre avec ses garnitures de flacons en verre et porcelaine pâte tendre. Epoque Louis XVI.

8 — Table-bouillotte en acajou et filets de cuivre ouvrant à triple développement. Epoque Louis XVI.

9 — Petite table à ouvrage en vernis Martin à personnages sur fond d'or, représentant l'Escarpolette, intérieur garni de soierie ancienne.

10 — Très jolie petite vitrine d'applique pour miniatures en acajou garni de bronzes finement

ciselés et dorés à perles et rais de cœur, couronnée par une armoirie accostée de deux amours. Travail de style Louis XVI de la maison Dasson.

11 — Petite vitrine d'applique pour miniatures en acajou, fond de glace, fronton à amours et guirlandes en bronze doré.

12 — Très petit bureau en marqueterie de bois ouvrant à dos d'âne. Époque Louis XVI.

13 — Petite table chiffonnière ouvrant à trois tiroirs en marqueterie de bois à branches de laurier. Époque Louis XVI.

14 — Petite table ouvrant à deux tiroirs en acajou et palissandre incrusté de filets de cuivre. Époque Louis XVI.

15 — Deux jolis coffres Renaissance étroits en bois sculpté à figures de saints et de saintes, ferrures découpées à jour.

16 — Joli petit écran avec tablette, pour écrire, en bois de rose et marqueterie de bois, dessin à attributs de musique, feuille en soierie bleue brochée et rayée. Époque Louis XVI.

17 — Très petit bureau cylindre en acajou et à filets de cuivre. Epoque Louis XVI.

18 — Bureau plat en acajou orné de filets de cuivre. Epoque Louis XVI.

19 — Grand canapé Louis XVI, en bois sculpté couvert en velours.

20 — Console Louis XVI en bois laqué crème relevé de vert, sculpture à rosaces enrubannées, guirlandes de fleurs et periés Dessus de marbre blanc.

21 — Cabinet italien en bois noir incrusté de plaques et d'ornements en ivoire gravé à personnages et animaux, garni de cuivres. XVIIe siècle.

22 — Jolie petite toilette psyché ornée de deux coffrets en marqueterie de bois, garnie de bronzes dorés à rocailles. XVIIIe siècle.

23 — Commode en marqueterie hollandaise à fleurs, garnie de bronzes. XVIIIe siècle.

24 — Glace avec cadre doré, fronton feuillagé et et avec trophée Louis XVI.

25 — Jolie petite table ovale Louis XVI en acajou, garnie de bronzes, pieds à cannelures avec tablettes d'entrejambe, dessus en marbre brocatelle entouré d'une galerie de cuivre ajouré.

26 — Deux chaises Louis XVI en bois sculpté peint blanc, dossiers ajourés au chiffre de Marie-Antoinette, couvertes en blanc.

27 — Banquette Louis XVI en bois sculpté peint gris, accotoirs à colonnettes cannelées, couverte en soierie verte.

28 — Commode de forme rectangulaire tout en marqueterie de bois à fleurs, feuillages et ornements. XVIIIe siècle.

29 — Petit fauteuil en bois sculpté et doré, foncé de canne dorée. Style Louis XVI.

30 — Deux grandes bergères Louis XVI en bois sculpté peint gris à perlés, rais de cœur et rubans, couvertes en velours pekiné vert.

31 — Cinq chaises en fine marqueterie de bois à fleurs, coussins en velours vert. Hollande, XVIIIe siècle.

32 — Petit tabouret de pied forme rognon en bois sculpté et doré, couvert en soierie verte. Louis XVI.

33 — Trois chaises en bois sculpté, dossiers ajourés, foncées de canne. Epoque Louis XVI.

34 — Deux fauteuils Louis XVI en bois sculpté laqué gris, dessin à perlés, rais de cœur et rubans enroulés, couverts en soierie verte.

35 — Petit fauteuil d'enfant bois sculpté peint gris couvert en soierie rose rayée. Epoque Louis XVI.

36 — Paravent triptyque en ancienne toile de Jouy, fronton et panaches bois sculpté.

37 — Glace-trumeau ornée d'une peinture représentant l'Amour assis. Epoque Louis XVI.

38 — Deux trumeaux à double compartiments de glaces et peintures au milieu représentant une scène galante. Epoque Louis XVI.

39 — Très belle bergère en bois sculpté peint blanc, dossier forme écusson de l'époque

Louis XVI, couverte en ancienne soierie moirée vert, rayée crème et brochée à fleurs. (Provient de la vente du comte de Bryas.)

40 — Glace ronde avec cadre en bois sculpté et doré à coquilles et feuillages.

41 — Trumeau en bois sculpté et doré sur fond blanc, le haut orné d'une peinture représentant les Moissonneurs. Epoque Louis XVI.

42 — Trumeau en bois sculpté et doré sur fond blanc, orné dans le haut d'une peinture représentant des personnages jouant avec un oiseau dans une cage. XVIIIe siècle.

43 — Glace en bois sculpté et doré, fronton enrubanné et orné d'une gravure portrait de femme. Epoque Louis XVI.

44 — Petite glace avec cadre à fronton en bois sculpté. Epoque Louis XVI.

45 — Petite console en bois sculpté, bandeau ajouré à feuillages et orné de guirlandes. Epoque Louis XVI.

46 — Deux fauteuils en bois sculpté, rechampi de gris, fronton à torches et carquois couverts

en tapisserie au point et au petit point fond crême à fleurs. Epoque Louis XVI.

47 — Vitrine en acajou et en glaces, garnie de filets de cuivre. Style Louis XVI. (Provenant de la maison Perdreau.)

48 — Deux chaises en bois sculpté laqué blanc, sièges et dossiers en soierie brodée et brochée Style Louis XV.

49 — Petite bergère Louis XVI en bois sculpté laqué gris, couverte en soierie verte rayée.

50 — Petite jardinière en bois de rose, garnie d'appliques en bronze, pieds cannelés. Epoque Louis XVI.

51 — Secrétaire en acajou garni de cuivres, dessus marbre blanc. Epoque Louis XVI.

52 — Toilette-commode surmontée d'une glace en marqueterie hollandaise à fleurs, XVIIIe siècle.

53 — Petite encoignure en acajou et filets de cuivre. Epoque Louis XVI.

54 — Thermomètre en bois sculpté et doré. Epoque Louis XVI.

55 — Bidet en bois sculpté couvert en velours frappé vert amande. Epoque Louis XVI. Cuvette ancienne faience de Rouen.

56 — Bel écran en bois sculpté peint gris, fronton à nœuds de ruban, feuille en ancienne soierie crème brochée à fleurs et rayée blanc.

57 — Coffret à bijoux à secret forme commode en acajou. Epoque 1830.

58 — Modèle de petit guéridon en marqueterie de bois. Ier Empire.

59 — Deux petites glaces ovales, avec cadres, en bois sculpté et doré. Louis XVI.

60 — Modèle de petite chaise en acajou garni de cuivres. Fin Louis XVI.

OBJETS D'ART

61 — Paire de jolis candélabres à deux lumières formés par des statuettes d'amours en bronze, patine foncée, portant des torches enflammées en bronze doré, socles en marbre rouge, contre-socles supporté par des tortues en bronze doré. Epoque Louis XVI. (Provenant de la vente du Comte de Bryas).

62 — Paire de flambeaux formés par des statuettes d'enfants portant des branches de rosiers en bronze doré, sur socle de marbre blanc garni de bronzes. Epoque Louis XVI.

63 — Miroir rond porté par une statuette d'Amour en bronze. Ier Empire.

64 — Paire de cassolettes formant flambeaux en marbre, monture en bronze finement ciselé et doré. Epoque Louis XVI. (Provenant de la vente de Mme d'Yvon.)

65 — Vase en prisme d'améthyste, monture en bronze doré. Epoque Louis XVI.

66 — Deux girandoles en cuivre garni de plaquettes, rosaces et perles en cristal taillé, XVIIIe siècle.

67 — Paire de candélabres en bronze ajouré à cinq lumières.

68 — Pendule forme cage en bronze doré, montants à figures d'enfants, contenant des oiseaux mécaniques gazouillant sur un arbre ; cadran en porcelaine bleue, surmonté d'un groupe de colombes en bronze doré. Style Louis XVI.

69 — Jolie pendule en acajou moucheté garni de bronzes dorés, orné d'une petite gouache représentant des amours avec inscription Bonjour et Adieu. Ier Empire.

70 — Paire de beaux chenêts en bronze : Lions sur balustrades. Epoque Louis XVI.

71-72 — Deux paires de chenêts en cuivre jaune, XVIIIe siècle.

73 — Fontaine et son bassin en cuivre rouge, décor à armoirie. XVIIIe siècle.

74 — Samovar en cuivre jaune.

75 — Christ en cuivre sur croix en bois sculpté, XVIIe siècle.

76 — Groupe en bois sculpté et peint : la Vierge et l'Enfant. XVIIe siècle.

77 — Belle pendule en bois sculpté et doré, fronton et côtés ornés de vases fleuris. Epoque Louis XVI.

78 — Deux statuettes en terre cuite : Petits pêcheurs. Signées Miotier.

79 — Statuette en terre cuite : Au théâtre. Œuvre originale de Conteni. Signée.

80 — Veilleuse forme chaise à porteurs traînée par un personnage en bronze.

81 — Statuette en bronze : Rabelais, signée Mélingue, édition de Susse.

82 — Statuette en bronze : le Temps, socle marbre.

83 — Modèle de vitrine forme monument en bois laqué blanc garni d'argent. Louis XVI.

84 — Paire de vases en porcelaine de Chine, décor à personnages en polychrome.

85 — Potiche en ancienne faïence de Delft, décor polychrome.

86 — Brosse, dessus ancienne faïence de Delft, décor à portrait d'homme en polychrome et or.

87 — Fontaine ancienne faïence émaillée : Bacchus assis sur un tonneau.

88 — Chaufferette forme triangulaire en porcelaine de Paris, décor à fleurs.

89 — Paire d'appliques en fer peint et émaillé, forme branchages fleuris. XVIIIe siècle.

90 — Plat et six assiettes en étain ancien.

91 — Deux raviers forme coquilles en cristal taillé, monture forme branchage en métal argenté.

92 — Couteau de chasse, poignée en cuivre finement ciselé et doré. XVIIIe siècle.

93 — Portefeuille en cuir noir orné des armoiries et du chiffre de la comtesse de Castiglione. (Provient de sa vente.)

94 — Pupitre-tryptique en bois sculpté à fleurs. XVIIIe siècle.

95 — Petit vase en grès flammé, monture à branchage en argent doré.

96 — Petit nécessaire en marqueterie de paille. Epoque Louis XVI.

97 — Vase en grès flambé de Lachenal, décor à branchage fleuri.

98 — Coupe en cristal taillé à perles et étoiles. XVIIIe siècle.

99 — Bonbonnière en ivoire sculpté, trois personnages sur un tronc d'arbre. Travail du Japon. Signée.

100 — Deux cornets en ivoire incrusté de nacre, décor à fleurs, pieds en bronze.

101 — Jeu ancien avec boule en ivoire.

102 — Jeu de loto ancien, dans un coffret, cartons ornés de gravures.

103 — Petit modèle de vitrine en acajou incrusté de nacre.

104 — Jouet Louis XV représentant une petite maison sous globe.

TABLEAUX

DESSINS, AQUARELLES, GRAVURES

105 — BALLUE. *Les Curieuses.* Deux dessins rehaussés de couleur. Signés à droite.

106 — BELLENGER (G.). *Le Petit déjeuner.* Dessin au crayon. Signé à droite.

107 — BERNAY. *Coucou! Me voilà!* Dessin rehaussé de couleur. Signé à droite.

108 — CHAPLIN (d'après). *Jeune Femme à la Colombe.* Signé BILLER.

109 — CLARY (E). *Petite paysanne près d'un ruisseau.* Aquarelle. Signée à droite.

110 — COUDER (A). *La Marchande de cierges.* Aquarelle. Signée à droite.

111 — GRAFTY. *Amazone et Cavalier.* Aquarelle. Signé à droite.

112 — DIAZ. *Le soir*, paysage.

113 — FORAIN. *Ma chandelle est morte!* Signé à droite.

114 — FRANTZ. *Vue de Venise.* Aquarelle. Signée à gauche.

115 — GUIGNARD (GASTON). *Le retour à la ferme.* Signé à droite.

116 — HEILBUTH (F.). *Les Amoureux sous bois.* Aquarelle. Signée à droite.

117 — HEILBUTH (F). *En Canot.* Petite aquarelle. Signée à gauche F. H.

118 — MAINCENT (GUSTAVE). *Le Quai aux fleurs.* Grand tableau. Signé à droite.

119 — MAINCENT. *Bords de rivière.* Signé à gauche.

120 — MILLET (D'après). *L'Angelus.* Gravure par WALTNER.

121 — MONTZAIGLE. *Femme à sa toilette.* Aquarelle. Signée à gauche.

122 — MONTIER (F.). *Scène d'intérieur.* Aquarelle. Signée à gauche.

123 — SOMM (Henry). *Le lapin.* Dessin à la plume. Signé à droite.

124 — VALETTE (René). *La promenade au bois.* Aquarelle. Signée à droite.

125 — VENDOME (Henriette, duchesse de). *Gerbe d'œillets.* Aquarelle. Signée à gauche.

126 — VIGÉE-LEBRUN. *Portrait de femme avec manchon.* Pastel. Signé à droite L. Vigée

127 — Suite de cinquante-huit petites gravures du Ier Empire représentant des caricatures. Montées dans deux passe-partouts.

TAPISSERIES

TENTURES. TAPIS

128 — Panneau en ancienne tapisserie d'Aubusson représentant le Chasseur et la bergère, d'après Huet, bordure à cabochons et palmes. XVIIIe siècle.

129 — Panneau en ancienne tapisserie d'Aubusson : le Retour de la chasse, bordure à fleurs et ornements, XVIIIe siècle.

130 — Panneau en ancienne tapisserie représentant le fleuve Enée et Paris dans un paysage verdoyant à perspective claire. Epoque fin Louis XIV.

131 — Panneau en ancienne tapisserie verdure

avec riche bordure à vases fleuris sur trépieds décoratifs inspirés de Bérain. XVIIIe siècle.

132 — Petit panneau en ancienne tapisserie représentant des personnages et animaux dans un paysage.

133 — Portière en ancienne tapisserie verdure avec bordure à fleurs, oiseaux et trophées.

134 — Fragment de tapisserie verdure avec bordure à fleurs sur trois côtés.

135 — Portière en ancienne tapisserie verdure avec bordures à fleurs, oiseaux et trophées.

136 — Quatre fragments de bordure et lot de petits morceaux en ancienne tapisserie.

137 — Tentures diverses en soierie verte, rayures Louis XVI.

138 — Grand tapis de Smyrne, décor en bleu bronze.

139 — Objets omis.

www.ingramcontent.com/pod-product-compliance
Ingram Content Group UK Ltd.
Pitfield, Milton Keynes, MK11 3LW, UK
UKHW020527180726
13839UKWH00005B/2360